Las nietas de Mayo

Dolores Soler-Espiauba

Las nietas de Mayo

ARGENTINA

Serie América Latina

Diseño de cubierta: Eduard Sancho
Diseño de interior: Óscar García Ortega
Fotografía de cubierta: Norberto Lauria / Getty Images
Ilustraciones interiores: Ina Fiebig

Redacción y coordinación: Roberto Castón
Locución: Josefina Simkievich

ISBN: 978-84-16057-30-6
Depósito Legal: B-06075-2014

Impreso en España por RARO

difusión
Centro de Investigación y Publicaciones de Idiomas, S. L.

C/ Trafalgar, 10, entlo. 1ª
08010 Barcelona - España
Tel.: (+34) 932 680 300
Fax: (+34) 933 103 340
editorial@difusion.com

www.difusion.com

A mi hermana Paloma,
que ya no podrá seguir ilustrando mis historias,
dando forma y vida a sus personajes.

Capítulo 1

Año 2012

Antes de entrar en el café, consulta su mapa y el nombre de la calle: "Rivadavia esquina Medrano". No conoce bien esta zona de Buenos Aires y comprueba la dirección en la placa de la fachada. Sí, debe de ser acá. Un gran letrero luminoso dice: Café Las Violetas. Entra, un poco insegura, aunque a esta hora de la tarde no hay mucha gente. Mira a su alrededor, impresionada. Columnas de mármol italiano, vitrales franceses que dejan pasar la luz del sol, lámparas en el techo con mil cristales que se agitan, mozos elegantemente vestidos de blanco y negro, y muchas mesas cubiertas con manteles color bordó[1]. Imagina que en alguna de estas sillas se sentaron un día Jorge Luis Borges[2], Carlos Gardel[3] y Alfonsina Storni[4], y tocaron el piano músicos de la bohemia porteña[5]. Y piensa:

"¿Qué estoy haciendo yo acá?"

Pero en ese momento ve, al fondo de la sala, a una anciana sentada delante de una taza de té. Y empieza a caminar en su dirección, pensando:

"Es ella."

Capítulo 2

30 de abril de 1977. Catorce mujeres se reúnen en la plaza de Mayo, junto a una de sus fuentes. No se conocen, pero todas tienen el mismo objetivo.

Desde una de las ventanas de la Casa Rosada[6], un hombre las mira. Parece nervioso. Es lo que ellas quieren: ponerlo nervioso.

–¿Vos[7] venís a lo mismo que yo?

–Sí, a eso vengo.

–Y vos también, ¿cierto?

–Sí, yo también. Y esta amiga. Y aquella otra que está llegando.

Las mujeres forman un grupo delante de la ventana.

El hombre da una orden por teléfono. Bajan del Palacio tres policías. Gritan:

–¡Ustedes no pueden estar acá!

–La plaza de Mayo es de todos.

–¡Acá no se permiten concentraciones! ¡Circulen!

Las mujeres se miran, sonríen, y, sin una palabra, en fila india, una detrás de otra, comienzan a caminar, o sea, a circular. Circulan dando vueltas alrededor de la Pirámide que está en el centro de la plaza, mudas, en silencio total. Circulan, obedeciendo a la Policía.

Desde las veredas, la gente las mira y hace comentarios:

–¿Quiénes son esas boludas[8], qué hacen ahí?

–Son “las madres”.

–¿Las madres? ¡Madres somos todas, yo también!

El hombre baja la voz:

–Son las madres de hijos desaparecidos[9]. Reclaman justicia y saber dónde están.

Todos callan, y algunos se van.

Otros comentan:

–Qué valientes. Eso nunca lo hizo nadie hasta ahora.

–Ya vinieron otros jueves. Siempre los jueves. Ellos les llaman “las locas”.

–¿Ellos? ¿Quién?

–La Policía, los políticos... los que mandan. Ellas pidieron noticias de sus hijos desaparecidos en ministerios, iglesias y comisarías, a abogados y a militares... y nadie les respondió nunca nada. Así empezaron a conocerse, a encontrarse en las colas de espera de estos lugares donde se burlan de ellas y las llaman “las locas”.

–Qué valientes.

–Sí, en estos tiempos, qué valientes.

Después de bastantes vueltas ante los ojos asombrados de los policías, (“pobres muchachos”, dice una de ellas) deciden:

–Vamos a tomar algo. Necesitamos un café, un té, lo que sea.

–¿Y por qué no un mate[10] en mi casa?.

–No, mejor vamos a *Las Violetas*. Allá se puede conversar.

Y se van al café *Las Violetas*. Escuchan atentas las palabras de Carola, la que las convocó, la madre de Salvador, un abogado sindicalista, del que nunca más tuvo noticias:

–Entraron en mi casa y mi hijo aún estaba en el laburo[11]. Allá lo esperaron, revolviéndolo todo, sus papeles, sus libros, sus fotografías. Vaciaron los placares[12]. Dos de ellos entraron en la cocina y comieron. Comieron como cerdos. Delante de mí. Cuando Salvador llegó, lo golpearon y lo metieron en el auto que esperaba en la puerta. Tenía 29 años. Nunca más lo vi. Nunca.

Graciela explica cómo se llevaron a su hija Silvina, tenía 25 años y estaba embarazada de cinco meses. Se la llevaron con su joven esposo Andrés, miembros los dos de un partido de izquierda.

Y Laura cuenta cuando la llamó su otra hija, llorando:

–Mamá, se llevaron a María Paula.

Nunca más supieron de ella.

El café es casi tan amargo como sus lágrimas. Algunas llevan un clavo prendido en el abrigo o en el saco en recuerdo de los clavos de Cristo, del sufrimiento de Cristo, y también como identificación:

–Si ves a una mujer con un clavo como este, ya sabes quién es.

Pero hoy Carola encontró algo mejor. Saca de su bolsillo un paño blanco muy dobladito. Las demás la miran:

–¿Qué es eso?

–Es un pañal[13].

Algunas se ríen.

–¿Tenés[14] un bebito ahora?

–Es de mi nieto. –Y se lo pone alrededor de la cabeza, haciendo un nudo bajo la barbilla.

–Los pañuelos blancos a la cabeza serán nuestro símbolo y nos reuniremos seis veces al año. Compararemos nuestras historias y nuestros datos. Traeremos nuestras fotografías. Haremos listas. Aprenderemos a buscar a nuestros hijos desaparecidos y

a nuestros nietos nacidos en cautiverio y robados. Los encontraremos. Y la gente sabrá, al vernos, lo que pasó en este país.

Así nacieron los pañuelos blancos de las Madres de Mayo, un símbolo que ahora está pintado en el suelo de la plaza, y que ha merecido exposiciones y homenajes, respetado por todos, en el lugar donde "circulaban", dando vueltas para reclamar justicia y verdad.

Pero de a poco, año tras año, comprendieron que encontrar a los hijos y las hijas desaparecidos era imposible. Y entonces, empezaron a dar vueltas para reclamar justicia. Y surgió el movimiento de las Abuelas de Mayo: sus hijas o nueras estaban embarazadas en el momento de desaparecer, sus nietos nacieron en cautiverio y luego fueron dados en adopción a militares y policías.

Hasta hoy, de más de 800 niños desaparecidos, encontraron a casi 200, pero no están satisfechas. Treinta y cinco años después, solo quedan tres Abuelas. Los pañuelos blancos cubren ahora cabellos también blancos y ellas arrastran un poco más las piernas[15]. Su finalidad es devolver a las familias todos los niños, hoy adultos, entregados entonces a padres adoptivos, y exigir castigo para los responsables.

Continúan dando vueltas a la plaza todos los jueves y continúan buscando, mientras los turistas las miran con respeto.

A Carola, la primera Presidenta, también *la desaparecieron*[16]. Sus restos incinerados, como ella quería, reposan ahora en la plaza de Mayo, y Simonetta, la Presidenta actual, busca a Paloma, su nietita que nunca conoció:

–No puedo morirme sin encontrar a Paloma, no tengo derecho a hacerlo. El día que se la llevaron, mi hija Livia, embarazada ya, me dijo: "Si es nena, se llamará Paloma".

Capítulo 3

La señora le sonríe de lejos, deja su taza de té en la mesa y se para[17]. Le da un beso.

–¿Sos[18] Lara, cierto?

–Sí, señora.

–Llamame Simonetta, por favor. Sentate. ¿Qué querés tomar?

–Un tecito[19] está bien, muy amable.

Llama al mozo, que vuelve al poco tiempo con otra taza de té.

–Bien, Lara. Ahora, contame.

–Yo... Bueno, no es fácil...

–Dale, Lara, sin miedo.

–Es muy amable escuchándome, pero... Yo... Bueno, yo soy hija adoptada. Mis padres adoptivos, buena gente, me contaron que me buscaron en un orfelinato del centro del país, cerca de Córdoba. Nunca mencionaron el nombre del pueblito, siempre decían "cerca de Córdoba...", y años después me dijeron que el orfelinato desapareció en un incendio, con todos los documentos... Y nunca más se habló.

–¿Cuántos años tenías vos cuando te contaron?

–Seis. Nunca lo olvidaré. Fue una Navidad, delante del pesebre del Niño Jesús. Lloré, lloré, lloré... Ellos también, no crea. No son mala gente.

–¿Por qué iban a ser mala gente, Lara?

–No son mala gente, pero me ocultan cosas, no dan nombres ni detalles. Nunca me contaron cómo era aquel lugar, ni qué les dijeron de mí, ni de cómo aparecí en aquel orfelinato, ni quién me llevó, o si alguien me abandonó en la calle... qué ropita llevaba yo el día que me llevaron, y si la guardaron esa ropita... Y no hay ninguna foto de ese día.

–Pero adoptar a una nena abandonada es una cosa linda.

–Linda cuando es una piba[20] abandonada, pero ¿Y si es una piba secuestrada, y a sus padres los mataron?

–¿Y vos no preguntabas?

–Tenía miedo de saber. Después del 83[21], la televisión hablaba, mis compañeros en la Universidad hablaban, todos acusaban...

–¿Y qué te hace pensar que vos...?

–He leído en internet, doña Simonetta, que usted anda buscando a su nietita, y vi las fotografías de su hija Livia. Después me miré en el espejo, y pensé: "¿Por qué no?" La fecha de mi nacimiento coincide con el tiempo de embarazo[22] de su hija cuando se la llevaron. Yo nací, según los documentos, un 7 de septiembre...

–El doctor le dijo a mi Livia que era para mediados de ese mes.

–Septiembre de 1977.

–Eso es.

–¿Y por qué no puedo yo ser su nieta, no quiere investigarlo?

–Ya vinieron otras chicas como vos a esta mesa, Lara. Y el ADN dijo que no. Y se fueron todas muy tristes. Y yo me quedé triste también. Perdí a mi nieta cada vez.

–Un día... Un día, doña Simonetta, uno de tantos jueves, fui a verlas a ustedes a plaza de Mayo. Fue entonces que empecé a dudar. Desfilaban ustedes con sus pañuelos blancos en la cabeza. Había mucho viento aquel jueves. Y parecían ustedes palomas.

La anciana mira muy seria a Lara:

–¿Dijiste palomas?

–Sí, claro. Es lo que parecían: palomas.

Hay un silencio.

–Le traje fotografías de cuando era una bebé, del colegio de monjas, de la Primera Comunión, de mi fiesta de 15 años, de cuando me recibí[23]... ¿Quiere verlas? Fotos de antes de los 25 años que tenía su Livia cuando... cuando...

–Cuando se la llevaron.

–Eso, cuando se la llevaron. ¿Puedo dejarle las fotografías? Solo mirarlas un poquito, a ver si encuentra un parecido con ella. O acaso con el papá, con el compañero de su nena.

–Con Osvaldo, se llamaba Osvaldo. También se lo llevaron.

–Lo sé, lo vi en internet.

–Lara, te voy a dar la dirección de un hospital donde te van a sacar el ADN, allá tienen todos los datos de mi hija y de mi yerno. No puedo decirte más. Dame tu celular y te llamo.

Y pone su mano sobre la mano de Lara.

–Mi nieta iba a llamarse Paloma.

Capítulo 4

Año 2012.

Se celebra el Primer Encuentro Nacional de Muralismo en la ciudad de Quilmes, en la provincia de Buenos Aires, en el área del Gran Buenos Aires, y es un homenaje nacional a las madres y abuelas de plaza de Mayo y a las víctimas de la Dictadura.

Vienen pintores muralistas[24] de México, Chile, Brasil, Venezuela; reporteros gráficos, cantantes, músicos, fotógrafos. El *leit motiv* de casi todos los murales es el pañuelo blanco anudado en la barbilla, que a veces se parece a la paloma de la Paz de Picasso. Se oyen discursos en los parlantes[25]:

"Los desaparecieron, porque asumieron un compromiso político y social..."

"La sociedad cambió gracias a estas madres, una sociedad muda que se puso a hablar... Parecían palomas paseando ante los lobos..."

"El 30 de abril de 1977 gritaron por primera vez:

–¡Queremos saber dónde están nuestros hijos!

Las unieron el amor y el dolor, pero ya no piensan en encontrarlos con vida, aunque siguen buscando desesperadamente a sus nietos..."

"Sigue abierta la herida después de 35 años de lucha..."

Lara camina sola entre los grupos, mira las pinturas, conversa con algunos muralistas y se detiene para escuchar la música que difunden los parlantes:

Para la libertad sangro, lucho, pervivo.
Para la libertad, mis ojos y mis manos,
como un árbol carnal, generoso y cautivo,
doy a los cirujanos.
Para la libertad siento más corazones
que arenas en mi pecho: dan espumas mis venas,
y entro en los hospitales, y entro en los algodones
como las azucenas[26].

Grandes avenidas bordeadas de hermosos árboles están llenas de paneles. Delante de los paneles, trabajando, los artistas: hombres y mujeres, jóvenes y mayores. Muchos son argentinos, pero también hay muralistas famosos que vinieron de fuera. Se oyen todos los acentos del español de América. Hay grandes tarros de pintura en el suelo, brochas, pinceles, lápices, marcadores, biromes[27]. Poco a poco van apareciendo en los paneles las caras de las Madres, las manos de las Madres, los pañuelos blancos de las Madres. Las avenidas se llenan de Madres y Abuelas de plaza de Mayo.

Delante de muchos murales hay niños que escuchan las explicaciones de sus padres, y se les oye decir:

–¿Por qué?

Alguien comenta:

–Todo esto irá a las escuelas, para que los pibes comprendan, para que nunca más se repita este horror en nuestra Historia.

Se oye una voz de mujer en el parlante:

–Cuando se llevaron a mi hijo, encontré una agenda entre sus cosas. Tenía veinte años. En la agenda había veinte poesías, una por cada año. Yo no sabía que mi hijo era poeta. Y descubrí también que mi hijo era un militante solidario y comprometido contra la Dictadura.

Un joven con rastas[28] está pintando el retrato del hijo poeta, copiando la fotografía de un muchacho que lleva anteojos, tiene el pelo lleno de rulos y sonríe, con un libro en la mano.

El muralista escribe ahora con su pincel el nombre del muchacho: Eduardo.

Unos metros más lejos, un pintor peruano explica:

–Voy a pintar a la Pachamama[29]. Una Madre más en la plaza de Mayo, la Madre Tierra, la Madre de todas las madres.

En otro panel, una muchacha muy joven escribe en rojo la palabra "desaparecidos". Y alguien que pasa a su lado mira y le dice:

–¿Sabés que esa palabra no se traduce a otras lenguas? Lo dijo Ernesto Sabato[30]. En la prensa extranjera siempre la dejaron tal cual: "desaparecidos".

La voz de Liliana Felipe canta ahora:

En el patio se prendieron un fogón.
Este asado será tu bienvenida.
Hasta el perro, te espera en el portón.
Están haciendo unos ravioles, por si sos vegetariano.
Las abuelas ya trajeron el tortín.
Nunca es tarde para llegar temprano.
Todo listo, solo estás faltando vos.

Lara escucha en silencio la letra de la canción y alguien dice detrás de ella:

–Así fue exactamente. El perro, los ravioles... Y yo también era vegetariano. ¡Increíble, che[31]!

Lara vuelve la cabeza. El que habla solo es un muchacho muy alto, rubio, con una pequeña barba. Viste una campera de cuero y jeans. Lleva dos aros en las orejas y un pin debajo del labio.

–¿Me hablás a mí?

–No, perdoná. Hablaba solo. Es que lo que está contando la canción es mi vida. ¡Están contando mi vida!

–¿Qué decís?

–Esperá, esperá. Está acabando la canción.

Y escuchan los dos sin hablar. Cuando termina, el muchacho sonríe:

–Perdoname, es que... a mí también *me apropiaron*[30].

Lara no sabe qué decir, solo pregunta, sintiéndose un poco estúpida:

–¿Cuántos años tenés?

–34, ¿y vos?

–Igual que vos. 34.

–¿Entonces vos... vos también...?

Lara se pone colorada y no sabe qué decir.

–No lo sé. No sé nada. Solo estoy... estoy buscando.

El muchacho rubio le tiende la mano.

–Me llamo Claudio. ¿Tomamos un café y me contás?

–O.K. Lo estoy necesitando. Me llamo Lara.

Llegan los cafés, Lara toma un sorbo bien caliente y empieza a hablar:

–Ya me siento mejor. Cómo ayuda.

–Cierto. Es mágico, es como el mate. El otro día escuché a los de Radio Mitre hablar del mate y fue genial. Decían: "El mate es lo contrario que la televisión, te hace conversar si estás con alguien y te hace pensar cuando estás solo".

–Es verdad. Cuando llega alguien a tu casa, la primera frase es "Hola", y la segunda: "¿Unos mates?" Pasa en todas las casas, las de los ricos y las de los pobres.

–Y la yerba es lo único que hay siempre en todas las casas, siempre. Con inflación, con hambre, con *milicos*[33], con democracia. Y si un día no hay yerba, un vecino viene y te da. La yerba no se le niega a nadie.

–Y la verdad tampoco, Claudio.

–Tenés razón. Me buscaron las Abuelas durante 30 años, imaginate... Yo sabía que era adoptado, y sentía, no sé por qué, que alguien me estaba buscando. Mis padres adoptivos tenían un primo militar que no me gustaba nada y que siempre estaba en casa y era mi padrino...

–¿Tu padrino? No me lo puedo creer.

–Imaginate... y un día, mirando en la tele un desfile de las Madres de Mayo, delante de él, se pusieron a llorar. No querían decirme por qué, pero en ese momento comprendí. Ellos me juraron que cuando me adoptaron no sabían nada, que lo supieron después y ya era demasiado tarde para decírmelo.

–Claro... ¿Y qué hiciste vos?

–Me presenté, aquel día mismo, sin esperar más, en la Asociación de Abuelas de Plaza de Mayo. A los pocos días ubicaron a mis abuelos y me fui a vivir con ellos.

–¿Y tus viejos... tus padres adoptivos?

–Fue difícil para ellos. Y para mí también. Pero me mintieron y no se lo perdono.

–¿Nunca más los viste?

–Alguna vez fui por casa de ellos, pero... ya nada era igual.

–Te entiendo. Yo también ando en eso. Como sabés, las Abuelas crearon un banco de datos genéticos con los mapas genéticos de todas las familias que tienen pibes nacidos en cautiverio. Ya tomé contacto con ellas.

–¿Y qué te dijeron?

–Que los niños robados fueron como un botín[34] de guerra para los *milicos*, que les privaron de su identidad y de su libertad al inscribirlos como hijos de sus represores.

–Es exactamente eso.

–Yo lo sabía, pero en mi casa nunca se habló del tema. Cambiaban de canal en la tele cuando había debates, o entrevistas, decían que no era bueno remover el pasado, que no hay que abrir las heridas que ya se cerraron... cosas así. La historia oficial.

–Lara, decíme si puedo ayudarte...

–Gracias, Claudio. Dame tu celular y anotá el mío. Yo no tengo plata para pagar abogados, pero las Abuelas me van a ayudar.

–Va a ser duro, te aviso.

–Lo sé. Recién ayer pasé por la ESMA[35]. Nunca miré la escultura que hay ahora en la reja, pero ayer estuve más de una hora allí parada, mirándola: una mujer embarazada con los nombres de los niños que allí nacieron. Quizás uno de ellos era el mío... mi nombre de antes, quién sabe.

–El mío sí que está: Claudio me llamó mi madre, pero durante treinta años fui Alfonso. ¿Y vos... con tus... con tus viejos[36]?

–Yo los quiero. Eso es lo peor. Siempre fueron buenos conmigo.

–Claro. Es lo peor, che. Tenés razón.

–Tengo que volver a Capital, Claudio. Es tarde.

–¿Cómo volvés?

–En colectivo.

–Te llevo, Lara. Traje el auto.

–Gracias, Claudio, podés dejarme en Corrientes y la 9 de julio ¿O.K.?

Pasan delante de nuevos paneles, escuchan nuevas conversaciones. Se oye en el parlante otra canción:

Con Malvinas o sin Malvinas[37],
grito tu nombre por las esquinas,
mientras que los generales
se dan al tango por los portales.
Tango de las Madres Locas,
coplas de amor y silencio.
Con vida se los llevaron y con vida los queremos[38].

Capítulo 5

Lara entra en la hemeroteca[39] de la Biblioteca del Congreso, en la calle Adolfo Alsina. Es la primera vez que viene a consultar diarios y aunque sabe que se pueden hacer consultas por correo electrónico, prefiere venir personalmente. Le gusta el ambiente silencioso y antiguo de este lugar. Sabe que todos los periódicos de su país, y muchos diarios extranjeros están respetuosamente guardados aquí, toda la memoria de la nación. Lara sabe también que hay un grupo de profesionales para ayudar a toda persona que desee informarse sobre un tema. Pero hoy, la primera vez, prefiere leer tranquilamente, sola.

El ambiente invita al trabajo. Las mesas son de madera oscura, igual que los bancos. Hay lamparitas prendidas encima de todas las mesas y grandes vitrinas llenas de libros con tapas de cuero. Y, a pesar de que hay muchos lectores estudiando, hay un gran silencio.

Lara selecciona en la computadora los principales diarios argentinos que le interesa leer, y también las fechas y el asunto. Poco después, un empleado le trae varios ejemplares de *Clarín*, *La Nación*, *La Opinión*, *Diario Popular* y, también, la revista *Gente*. Muchas páginas se han vuelto amarillas con el tiempo.

"24 de marzo de 1976. Las fuerzas armadas llevan a cabo un golpe de estado militar en Argentina..."

LA JUNTA ES
SUPREMO DE
Un arsenal en Bienestar Social
derecho de huelga
suspendido tempor
Reabrieron teatros y cines
CALABR
LA GOB

"Desaparición de 30.000 personas de todas las edades y clases sociales..."

"Centenares de niños secuestrados con sus padres o nacidos en los centros clandestinos adonde fueron llevadas las jóvenes embarazadas..."

"Había también listas de espera de nacimientos en esos centros para dar en adopción los bebés a familias de militares."

"Nace la Asociación Civil de Abuelas de plaza de Mayo (ONG). Su finalidad: restituir a las familias todos los niños nacidos en cautiverio y exigir castigo a los responsables..."

"La Asociación cuenta con equipos técnicos especializados: jurídico, médico, psicológico y genético. Posee también un banco de datos genéticos de todas las familias..."

"1978: se celebra el Mundial de Fútbol en Argentina. Les vallaron la plaza de Mayo a las Madres, pero ellas continuaron alrededor..."

"Viajaron a EEUU, a Europa, al Vaticano, llegan a Alemania, hablan con el Consejo Europeo y con Amnesty International..."

"En 1983 aparecen por primera vez en televisión..."

"En diciembre de 1983 llega al poder Raúl Alfonsín y pone fin a la dictadura..."

"El escritor Ernesto Sabato preside la Conadep[40] y elabora el informe *Nunca más*, pero las Cámaras proponen la *Ley de la Obediencia debida* y la *Ley de Punto final*, y el presidente Alfonsín la acepta en 1986. Se interrumpe la búsqueda de culpables."

"El Congreso declara nula esta ley en 2003..."

Lara escribe notas y más notas en su iPad. Y antes de cerrarlo, encuentra la última noticia en un diario reciente:

"Esta semana, la organización Abuelas de plaza de Mayo

anunció la recuperación de identidad del nieto 109, nacido en 1976."

Lara tiene la boca seca y los ojos húmedos. Recoge los periódicos y los devuelve al responsable de la sala. Sale a la calle.

Como todos los sábados, en la calle hay pibes jugando con bicicletas y patines, madres empujando cochecitos con bebés, padres cargando a niños pequeños, cansados de correr y personas que hacen compras de fin de semana. Está empezando a llover.

Lara mira el espectáculo de la calle sin verlo. No sabe muy bien donde está, no sabe muy bien qué le está pasando. Abre el paraguas y camina hacia las escaleras del *subte*[41].

Capítulo 6

Lara ha esperado toda la semana la llamada de Simonetta, pero su celular está mudo. Por fin esta tarde, cuando termina su trabajo y se dirige a la parada del colectivo, suena inesperadamente:

–¿Hola?

–Soy Claudio. ¿Te acordás de mí?

–Claro que sí. ¿Terminaste de laburar?

–Bueno, yo trabajo solo de mañana. Luego te cuento por qué. Te llamaba para... ¿Nos vemos esta noche en Palermo[42], Lara?

–¿En Palermo, vos vivís en Palermo?

–No exactamente, pero parte de mi laburo se desarrolla en esa zona. Luego te cuento por qué. ¿Te espero a las ocho?

–Mejor a las nueve, tengo que pasar por casa para cambiarme, tuve un día duro y necesito una ducha, ponerme otra ropa, esas cosas.

–O.K., te espero en el Soria, en la calle Gorriti, te mando la dirección al celular. ¡No te atrases, me muero por verte!

Todo cambia de repente para Lara en esta tarde de jueves que pensaba pasar en casa. Allá el ambiente últimamente es triste, lleno de sospechas, de silencios, de palabras que no se dicen, y hasta de miedo. Miedo a conocer la verdad, miedo a que se descubra la verdad.

Lara vive ahora en un minúsculo departamento situado en el último piso del edificio donde habitan sus padres adoptivos, donde ella vivió casi siempre.

También vivió unos años en un arrabal[43] de Buenos Aires con Rubén, un compañero de estudios que fue su gran amor de adolescente y con quien estuvo a punto de casarse. Pero el gran amor al final no resistió al tiempo y desapareció poquito a poco.

Lara regresó entonces al barrio de sus padres y ocupó el monoambiente[44] del último piso, consciente de haber perdido su independencia, pero con ventajas de no tener que pagar alquiler, y de ver a sus viejos felices de tenerla cerca. Su trabajo estaba a tres cuadras y la mayoría de las noches cenaba con ellos delante de la tele. Eran los tiempos felices en que ella aún no se hacía preguntas, preguntas que no encontraban respuesta. Todo tan diferente de ahora.

Pero hoy la está esperando Claudio.

Solo se vieron una vez, solo se hablaron dos o tres horas, pero comparten tantas cosas.

Cuando entra en el boliche[45], Claudio está sentado en la barra, con una copa en la mano y se acerca a ella.

–¡Pero qué linda sos, Lara!

Lara se pregunta si es verdad lo que dice Claudio. Últimamente no le da gran importancia a su aspecto, porque hay otras cosas más importantes en su vida.

Hoy es diferente, y ella sabe que hoy está diferente. Su cabello muy negro y enrulado, recién lavado, brilla bajo las luces del bar, se maquilló un poco sus grandes ojos castaños y sus largas pestañas, se puso un poco de *rouge* en los labios, y se vistió con un cuidado especial. Mira su reflejo en el espejo de la barra y le gusta su blusa de seda azul y su *jean* muy ajustado. Los aros de plata bailan cuando mueve la cabeza. Nunca lleva tacos, porque trabaja siempre de pie y se cansa, pero sabe que Claudio es mucho más alto que ella y puede ganar con los tacos[46] unos preciosos centímetros. Tiene además una linda piel morena y unos dientes muy blancos. Tal vez por todo eso sonríe, sin saber qué responder a Claudio.

–¿Qué tomás? –pregunta él.

Lara se ríe:

–Tengo ganas de un café, pero creo que no es el momento, ¿cierto?

–Ni el momento, ni el lugar. Te propongo un daiquiri[47] o un martini, especialidad de la casa.

–Daiquiri, por supuesto, me encanta.

Con sus copas en la mano se alejan hacia una zona de cómodos sillones donde se puede conversar tranquilamente. Del piso superior, donde está la discoteca, llega un ritmo de *reggae*[48].

–¿Qué cosa me tenías que contar, Claudio?

–Para empezar, hoy no se habla de nada triste. ¿O.K.? Hoy le damos vacaciones a nuestra angustia y a nuestros miedos. ¿O.K.?

–Dale, Claudio. Entonces, ¿por dónde empezamos?

–¿Qué querés saber de mí?

–Tu laburo, por ejemplo. ¿Qué hacés en la vida?

–Paseador de perros.

–¿Queeeeeeeeé?

Claudio toma un gran sorbo de daiquiri.

–Como lo oís. Paseo a diez perros todas las mañanas de ocho a una.

–No lo puedo creer.

–Entonces te cuento: nunca fui buen estudiante. Empecé Derecho, pero no terminé ni el primer año. Mi viejo, un *milico*, se retiró del ejército al acabar la dictadura y armó una empresa de transportes con otros compinches[49] y allá me metió, de chofer de camiones por el Gran Buenos Aires. Todo bien, todo perfecto, buen sueldo, un jefe que me dejaba tranquilo y unos compañeros que me respetaban por ser el nene del jefe. Hasta que estalló la bomba.

–¿La bomba?

Ahora es Claudio el que se ríe.

–Hasta que me encontraron las Abuelas, quiero decir, hace cuatro años. Y claro, se acabó todo: familia, sueldo y laburo. Nunca más volví a verlos.

–Qué fuerte. ¿Y lo de los perros?

–Vi un aviso en el diario y me presenté. Hay mucha gente que no puede pasear a su perro, porque andan locos de trabajo, y los animales se vuelven locos también, de estar encerrados. En estos cuatro años nunca me faltaron perros. Y grandes, no creás. Mirame las muñecas[50].

–¡Qué horror! ¿Qué te pasó?

–Es de las correas de los perros. Tiran como fieras[51]. El primer tirón de la mañana, sobre todo, es terrible. Pero me gusta pasearlos. Una correa, dos, tres... parecen pulseras en mis muñecas. Cuatro... cinco... seis... Dos labradores, un mastín español, tres pastores alemanes, un gran danés, un *beagle*... estos son los que más me gustan, los *beagles*, son los más cariñosos. Y me los llevo a Belgrano, o los traigo aquí, a los bosques de Palermo.

–¿Cuántas horas diarias?

–De cuatro a cinco horas. Necesitan correr, jugar, relacionarse con otros perros... El perro necesita socialización, para descargar su agresividad.

–¿Y vos...?

–Yo también la descargo, no creás. Así me olvido de todo lo que me hicieron. Y encima me pagan. Y me pagan bien. Gano tanta guita[52] con mis mascotas como lo que me daba mi viejo con su camión.

–Muchas veces vi por los parques a los paseaperros de la ciudad, y me pareció un espectáculo... increíble.

–Preguntáselo a los turistas. A veces me cruzo con un micro de turistas y cuando me ven sacan las cámaras y me sacan fotos. Famoso me voy a hacer por esos mundos.

Lara bebe en silencio y contempla a Claudio, con su cabello rubio, sus ojos claros, sus aros, su pin, sus tatuajes y su sufrimiento de tantos años. Y ahora, paseando perros. Qué historia la suya.

Claudio parece adivinar sus pensamientos:

–Pero no creás, soy feliz así. ¿Y vos, Lara? Hablame de vos.

–Nena adoptada en un orfelinato que desapareció un día misteriosamente, según mis viejos, descendientes de tanos[53]. Secundaria en una escuela religiosa solo para pibas, claro está, hijas de otros *milicos* como mi papá, y lucha con él para poder estudiar Filosofía y Letras ("la Universidad, un nido de zurdos[54]", decía siempre mi papá). Pero gané la batalla y me recibí sin problemas. Viví unos años con un compañero, otro día te cuento, es una historia que empezó bien, pero acabó mal. Y ahora vivo sola y trabajo en una librería.

–Buen laburo. ¿En qué librería?

–En *El Ateneo*.

–¡Uau! ¿Vos trabajás en *El Ateneo*? "La librería más bella del mundo", según *The Guardian*.

–¿Y vos cómo sabés?

–El dueño de uno de mis perros es inglés y se lee el *The Guardian* todos los días. Le gusta conversar conmigo para aprender español.

–Mirá cómo nuestros dos mundos, tan diferentes, se vinieron a encontrar. ¿Por causa de quién? Por un perro.

–Por mi perro *beagle*, claro. Mi preferido. Y contame si es tan linda como dicen tu librería. Yo nunca entré.

–No sabés lo que te perdés. Era un antiguo teatro, un teatro de 1912, imaginate. Tiene cuatro niveles, con el techo todo pintado, divino, y en el escenario una cafetería-restaurante con las mejores empanadas[55] de Buenos Aires.

–¡Uau!

–La platea y los palcos[56] están llenos de estantes y mesas de libros. Es espectacular, regio. Hay también un auditorio para presentaciones de libros y para conferencias, una escalera mecánica, un ascensor hidráulico... Todo un mundo.

–Tuviste suerte encontrando ese laburo.

–Mucha suerte. Si me gusta vivir en esta ciudad es por las librerías. Y "la mía" es la mejor.

–¿Te parece? Yo no ando mucho por librerías, pero una vez, hace pocos años, cuando la UNESCO nombró a Buenos Aires Capital Mundial del Libro, fue en 2011, ¿no?, qué montaje armaron en la plaza San Martín, junto a la estatua del Libertador. ¿Te acordás? *La Torre de Babel de Libros* se llamaba.

–Fue espectacular, me acuerdo. Un homenaje a Borges muy lindo. Una torre de Babel de 25 metros de altura, con miles de libros en todas las lenguas, envueltos en bolsas de plástico y atados a una valla metálica que subía en espiral... ¡25 metros de libros!

–¿Te cuento una cosa? El último día regalaron mil libros a los que pasaban por allí... Yo pasé con mis perros, y...

–¿Te regalaron un libro?

–¡Dos! Uno de Julio Cortázar, *Rayuela*, y otro de Manuel Puig, *El beso de la mujer araña*.

–¡Qué tarro[58]! Son dos de mis preferidos.

–¿Ah, sí? ¿Y otros preferidos? ¿Argentinos también?

–Casi todos, porque trabajo en la sección de autores argentinos. La verdad es que tenemos tremendos autores, como dicen los cubanos.

–Vos sí que sos tremenda, Lara. ¿Qué autores me aconsejás?

–La verdad, todos. Empezando por Jorge Luis Borges, el autor argentino más leído en el extranjero, Julio Cortázar, al que ya conoces, Bioy Casares y Ernesto Sabato, Premio Cervantes los dos, y siguiendo con Mújica Laínez, Ricardo Piglia, Osvaldo Soriano, Juan José Saer, Rodrigo Fresán... Yo qué sé, hay tantos... Y terminando por las mujeres. No las perdás de vista: las hermanas Ocampo, Victoria y Silvina, Alejandra Pizarnik, Angélica Gorodischer y María Elena Walsh, que escribió los cuentos para niños más lindos del mundo.

–Qué memoria tenés.

–Es mi laburo, Claudio. Pero mi preferida es Alfonsina Storni. Adoro su poesía. Tuvo una vida tan trágica... y nos dejó unos poemas tan bellos. ¿Conocés la canción que habla de su muerte, *Alfonsina y el mar*, inspirada en su último poema?

–¡Claro! La canta Mercedes Sosa, es tan linda...

En ese momento suena el celular de Lara.

–Disculpá, Claudio... ¡Doña Simonetta, qué bueno que me llamó!

–...

–Sin falta, mañana mismo. Tengo una hora libre al mediodía. ¿En Las Violetas como la última vez?

–...

–Un millón de gracias, doña Simonetta, no voy a poder dormir esta noche. Hasta mañana, chau, hasta mañana.

Claudio mira muy serio a Lara y le toma una mano.

–Tenés las manos heladas, mi amor.

–Ya tiene las pruebas del ADN, la llamaron del laboratorio a la Asociación de Abuelas. No me lo quiere decir por teléfono, prefiere cara a cara. ¿Por qué no quiere, qué pensás vos?

–Es normal, Lara, es algo demasiado serio para comunicarlo así, por teléfono, sin poder mirar a la gente a los ojos.

–No sé qué pensar, recién me di cuenta de que no tiene buenas noticias. No me gustó su voz, sonaba triste.

–Escuchá. Hoy le dimos vacaciones a la angustia y al miedo. ¿Te acordás? Mañana será otro día. ¿Oís la música ahora? ¿Te gusta el *reggae*?

–Hum... Prefiero el tango.

–O.K. No hay drama. A unas cuadras de aquí hay una milonga[59] rebuena. ¿Te parece, mi amor? Terminá el daiquiri. Nos vamos.

Claudio la agarra de la mano, paga las bebidas y salen los dos a la calle.

Capítulo 7

Simonetta Fini ha tenido una semana difícil. Se pregunta si fue una buena idea anunciar por internet que estaba buscando a su nieta y colgar en la red las fotos de Livia y de Osvaldo.

Hoy no está sola. De aquellas catorce Abuelas fundadoras de 1977 solo quedan tres, y hoy están las tres reunidas. Se reúnen como el primer día, para las decisiones difíciles, en el mismo lugar. Ana y Marcela acompañan hoy a Simonetta.

De nuevo en Las Violetas, las tres Abuelas beben su café e intercambian sus alegrías y sus penas. Estudian y comentan los informes y documentos de la semana que están sobre la mesa.

El lunes apareció una muchacha triste, delgada y morocha[60], que venía del Norte, de la frontera con Paraguay, y trabajaba de mucama[61] en un hospital, a conocer el resultado de su ADN. Había visto el anuncio y las fotos en la página web y las traía impresas, junto con las fotografías de su hijito de cuatro años. Se llamaba Lucía.

–Mírele los ojos a mi nene, señora, igualitos a los de Osvaldo.

Pero el ADN dijo que no. Que no era de la familia de Simonetta. Pidieron un café y unos alfajores[62] para la muchacha triste y le pagaron el viaje de vuelta:

–La Asociación guardó tus datos y seguirá investigando en tu caso, no te desanimés, Lucía. Seguimos en contacto.

Y Lucía se fue.

El miércoles apareció otra muchacha que venía por segunda vez desde Santa Rosa, en La Pampa, profesora de música en una escuelita y madre de dos hijos. Se llamaba María y quería saber el resultado de su ADN, porque al ver la foto de Livia en internet, su esposo le dijo:

–Es igualita a vos.

Las Abuelas pidieron chocolate y medialunas para los chicos y le confesaron, muy tristes:

–El ADN dijo que no, pero la Asociación seguirá buscando a tu familia. No te desesperés, María.

Y María también se fue.

Y este viernes las tres Abuelas están esperando a Lara, una muchacha que Simonetta solo vio una vez, pero que tiene algo de Osvaldo, algo de Livia... la sonrisa, los gestos o acaso la manera de andar, no sabe qué.

Se abre la puerta de Las Violetas y Lara avanza, con su cabello largo y enrulado, como el de Livia, con su sonrisa ancha como la de Osvaldo.

Simonetta se para y le da un beso.

–Sentate, Lara. Te presento a Marcela y Ana, las compañeras que estudiaron tu caso estos días. Escuchá...

Demasiado seria, piensa Lara con un nudo en el estómago.

–Lo siento, de veras lo sentimos las tres, y sobretodo yo, pero el ADN dijo que no, Lara, que no sos mi nieta. Acá están los informes del laboratorio.

Lara se tapa la cara con las manos para que no la vean llorar. Y Simonetta piensa: "Llora como lloraba Livia".

Y le dice:

–Pero tenemos noticias, muy buenas noticias para vos.

Los informes dicen que tu ADN se corresponde con el de una familia de nuestro Banco de datos. Escuchá.

Simonetta agarra los papeles y se pone los anteojos. Lara retiene la respiración.

–Tus abuelos paternos, desgraciadamente, ya murieron. Se llamaban Luis Sánchez y Catalina Bergen y vivían en Buenos Aires. Tu padre, Néstor, era hijo único. Tu abuelo materno, Sergio Mazzini, también murió, pero queda tu abuela materna, María Elena Torres, que se exilió durante la dictadura y vive desde entonces en España, con su otra hija, la hermana de tu mamá, tu tía Graciela, y con el esposo de esta, que es español, y con sus tres nietos, los hijos de Graciela, tus primos.

Lara escucha, blanca como la pared.

–Tu abuela María Elena estuvo en contacto con nosotras desde el principio, cuando te reclamó. Tenemos su domicilio actual, su e-mail, su teléfono y todos sus datos. Tu papá se llamaba Néstor Sánchez y era profesor de literatura en la U.B.A. Tu mamá, Violeta Mazzini, tocaba el violín en la orquesta de la Universidad.

Hay un gran silencio. Lara tiembla.

–Yo también te quería como nieta, pero es mejor así. Encontramos a tu familia, ¿te das cuenta? –dice Simonetta– He visto a tantas chicas... Y todas querían ser Paloma, la hija de Livia. Son mis nietas del corazón. Vos... vos también, si querés, podés ser mi nieta del corazón.

Lara se seca las lágrimas y la mira. Simonetta piensa de nuevo: "Cómo se parece a Livia."

Lara dice, en voz muy baja:

–Entonces... es verdad que *me apropiaron*. Es cierto lo que me imaginaba, me robaron a mi madre, y...

–Es totalmente cierto –dice Ana–. Aquí tenés toda la carpeta y el nombre de la persona que te entregó a tus padres adoptivos.

–La fecha y el lugar también. La carpeta está muy completa –añade Marcela.

Después de unos minutos en que nadie habla, Lara dice:

–No quiero volver a verlos. No quiero volver a casa de ellos.

Las tres Abuelas se miran. El mozo trae unos cafés, pero nadie los toca..

–La Asociación te va a ayudar a entrar en contacto con tu familia biológica y a resolver los problemas con tu familia adoptiva. Tenemos abogados y psicólogos, la asistencia es totalmente gratuita –dice Marcela.

–La Asociación va a informar a tus padres adoptivos, es lo habitual –agrega Ana.

–No quiero volver a verlos. No quiero volver a su casa – repite Lara.

Las Abuelas se miran otra vez. Ana y Marcela hacen un discreto gesto a Simonetta, que tose un poco, se aclara la voz y dice:

–Si no querés continuar con tu familia adoptiva, vení a mi casa. Tengo un departamento grande, demasiado grande. Y estoy muy sola. Todo estaba preparado para recibir a Paloma. Pero Paloma... Pensalo bien. Tomate tu tiempo, Lara. Pensalo.

Lara se para y abraza a las tres mujeres en silencio. Sale a la calle lentamente, sin saber adónde ir. En la vereda de enfrente la espera Claudio.

Capítulo 8

Lector, lectora:

Encontrar un *happy end* para esta historia plantea muchos problemas a su autora. Ha pasado muchas horas imaginando varios finales posibles, pero ninguno la convence. Y al final le ha venido a la cabeza la siguiente idea:

¿Por qué no dejar que los estudiantes/lectores encuentren un final adecuado?

Individualmente, en grupos, con la ayuda del profesor o mediante un debate en el aula, cada lector puede inventar un final, más o menos feliz, para que estos personajes encuentren por fin la serenidad y el amor que necesitan. La autora agradecerá muchísimo esta colaboración, que a lo mejor podría interesarle también al editor de este libro.

¡Gracias!

NOTAS EXPLICATIVAS

(1) **Bordó.** Burdeos, color rojo vino.

(2) **Jorge Luis Borges.** (1899-1986) Uno de los más importantes escritores argentinos, Premio Cervantes y Premio Jerusalén. Entre sus obras más conocidas: *El Aleph*, *Ficciones* o *Historia universal de la infamia*.

(3) **Carlos Gardel.** (1890-1935) Célebre cantante de tangos argentino nacido en Francia. Se convirtió en un mito en Argentina. Su tumba en Buenos Aires está siempre florida.

(4) **Alfonsina Storni.** (1892-1938) Poetisa y escritora argentina del movimiento modernista, autora de *Nosotras* y *La piel.*

(5) **Porteño/a.** Adjetivo que designa a los habitantes de la zona de Buenos Aires y sus costumbres.

(6) **Casa Rosada.** Sede del Poder Ejecutivo de la República Argentina. Dentro de la misma se encuentra el despacho del Presidente de la Nación Argentina.

(7) **Vos.** Pronombre que remplaza a "tú" en las zonas hispanohablantes voseantes (ver nota 14). El pronombre de 2ª persona del plural "vosotros" ha desaparecido en toda América Latina, remplazado por "ustedes".

(8) **Boludo/a.** Estúpido, tonto.

(9) **Desaparecidos.** Durante la Dictadura militar argentina desaparecieron unas 30.000 personas cuyas ideas no coincidían con las del régimen instaurado por el golpe militar del general Videla y sus colaboradores.

(10) **Mate.** Infusión preparada desde épocas precolombinas por los guaraníes con yerba mate seca. Se consume sobre todo en Argentina y Uruguay, pero también en Paraguay, Bolivia y Chile. Tiene virtudes estimulantes y tiene un sabor amargo.

(11) **Laburo.** En lunfardo, el argot hablado en la región de Buenos Aires, es sinónimo de "trabajo".

(12) **Placares.** En Argentina, armarios.

(13) **Pañal.** Trozo de tela o de un material absorbente que se pone a los bebés para absorber la orina.

(14) **Tenés.** Forma verbal, derivada de "tenéis", que acompaña al pronombre "vos", (equivalente a "tú" en otras zonas hispanohablantes). Este fenómeno, llamado voseo, es característico de la región porteña de Argentina (Buenos Aires y Río de la Plata) pero también se da en otras zonas de Latinoamérica: Uruguay, Centroamérica, Sur de México, zonas de Paraguay y algunas regiones de Colombia y países andinos. Los tiempos verbales afectados son el presente de indicativo y el imperativo.

(15) **Arrastrar las piernas.** Caminar con dificultad.

(16) ***La desaparecieron.*** El verbo "desaparecer" es intransitivo, pero en los años de la dictadura militar argentina se convirtió en verbo transitivo, destacando la voluntad de los llamados "milicos" en hacer desaparecer a sus víctimas, que se convertían así en complemento directo, dejando de ser sujetos del verbo "desaparecer".

(17) **Pararse.** En Latinoamérica, ponerse o estar de pie.

(18) **Sos.** Eres (ver nota 14).

(19) **Tecito.** Diminutivo de "té".

(20) **Pibe/a.** En Argentina, niño/a.

(21) **1983.** Año en que acabó la Dictadura, al ganar las elecciones Raúl Alfonsín.

(22) **Embarazo.** Los nueve meses que dura la gestación.

(23) **Recibirse.** Acabar los estudios universitarios.

(24) **Muralistas.** Pintores especializados en pintar murales, pinturas en los muros de ciudades y edificios.

(25) **Parlantes.** Altavoces.

(26) *Para la Libertad* poema de Miguel Hernández al que le puso música y voz el cantante catalán J.M. Serrat.

(27) **Biromes.** En Argentina, bolígrafos.

(28) **Rastas.** Tipo de peinado con unas trenzas muy particulares, usado por los rastafaris jamaicanos e imitado por muchos jóvenes occidentales.

(29) **Pachamama.** Nombre que dan las culturas andinas a la Madre Tierra.

(30) **Ernesto Sabato.** (1911-2011) Escritor argentino, físico y pintor, galardonado con los Premios Cervantes y Jerusalén. Entre sus obras más conocidas se encuentran *El túnel, Abaddón, el Exterminador, Heterodoxia* y *Sobre héroes y tumbas.*

(31) **¡Che!** Interjección que se usa para llamar a alguien, pedir atención a una persona o para expresar asombro.

(32) ***Me apropiaron.*** "Apropiar a alguien" es también un verbo (transitivo) creado por la Dictadura argentina. Los responsa-

bles dieron en adopción ilegalmente a los hijos de muchas víctimas que nacieron en prisión.

(33) ***Milicos.*** Militares.

(34) **Botín.** Conjunto de posesiones del enemigo vencido que se concedía a los soldados.

(35) **ESMA.** Escuela de Mecánica de la Armada, donde se torturaba y eliminaba a los detenidos durante la Dictadura argentina.

(36) **Viejos.** En algunos países de Latinoamérica se llama así afectuosamente a los padres.

(37) **Malvinas.** Islas Malvinas, para los argentinos; Falkland, para los británicos, sus actuales propietarios) Ambos países se disputan la propiedad de estas islas en el Atlántico Sur. Durante la Dictadura los políticos argentinos intentaron recuperarlas y el Reino Unido envió una gran armada que derrotó a las tropas argentinas.

(38) *Tango de las Madres Locas*, de Carlos Cano.

(39) **Hemeroteca.** Biblioteca pública que conserva los diarios y revistas para consultas de los ciudadanos.

(40) **Conadep.** Comisión Nacional sobre la Desaparición de Personas.

(41) ***Subte.*** (de subterráneo) Metro de Buenos Aires.

(42) **Palermo.** Barrio de Buenos Aires muy animado (comercios, bares, restaurantes) frecuentado por un público joven de buena posición social.

(43) **Arrabales.** Zonas urbanas en las afueras de las ciudades.

(44) **Monoambiente.** Estudio, pequeña vivienda con una sola pieza.

(45) **Boliche.** Comercio pequeño, pero, actualmente, también bar de copas y discoteca.

(46) **Tacos.** Tacones altos.

(47) **Daiquiri.** Cóctel de origen cubano, con base de ron blanco y zumo de limón o lima.

(48) ***Reggae.*** Estilo musical de origen jamaicano. Bob Marley fue su principal representante.

(49) **Compinches.** En el lenguaje coloquial, cómplices.

(50) **Muñecas.** Parte del brazo que une la mano al antebrazo.

(51) **Fieras.** Animales salvajes.

(52) ***Guita.*** En lengua coloquial, plata, dinero.

(53) ***Tanos.*** Italianos, en la lengua coloquial. Gran parte de la población actual desciende de inmigrantes italianos.

(54) **Zurdo/a.** Adjetivo que designa a las personas que escriben con la mano izquierda. Por extensión, a quienes tienen ideas de izquierdas (rojos, comunistas).

(55) **Empanadas.** Comida muy popular en casi toda Latinoamérica, masa de pan con relleno de carne o pescado y cocida al horno.

(56) **Platea y palcos.** Términos que designan determinadas zonas de los teatros.

(57) **General José San Martín, El Libertador.** (1778-1850) Militar rioplatense cuyas campañas fueron decisivas para la independencia de Argentina, Chile y Perú.

(58) **Tarro.** En lengua coloquial, suerte.

(59) **Milonga.** Local donde se baila el tango. También nombre de una danza muy popular en Argentina.

(60) **Morocha.** En lengua coloquial, morena.

(61) **Mucama.** Empleada de la limpieza.

(62) **Alfajores.** Dulces típicos de Argentina, generalmente rellenos de dulce de leche.

NOTA DE LA AUTORA: Quiero agradecer la amable colaboración de la profesora argentina Ivonne Lerner, del Instituto Cervantes de Tel Aviv, que ha llevado a cabo la revisión lingüística y el asesoramiento cultural de varios aspectos del presente texto.

¿HAS COMPRENDIDO BIEN?

1. Responde a las siguientes preguntas en tu cuaderno.

a. ¿En qué continente se encuentra Argentina? ¿Cómo se llama su capital?
b. ¿Qué palabra nos indica en el primer párrafo de la historia que la protagonista es una mujer?
c. ¿Quién espera a Lara en Las Violetas?
d. ¿En qué lugar de Buenos Aires se manifiestan las Abuelas de esta historia?
e. ¿Por qué se manifiestan estas mujeres todos los jueves?
f. ¿Qué llevan en la cabeza?
g. ¿Han conseguido sus objetivos circulando en la plaza tantos años?
h. ¿Cuándo se reunieron por primera vez las Madres de Mayo?
i. ¿A quién está buscando Simonetta?
j. ¿Cuál era el tema del Encuentro de Pintores Muralistas de 2012?
k. ¿Quién es Osvaldo?
l. ¿Cómo se llama la madre biológica de Lara?
m. ¿Por qué Claudio no perdona a sus padres adoptivos?
n. ¿Qué hace Lara en la Hemeroteca de Buenos Aires?
ñ. Los periódicos consultados hablan de la *Ley de Punto Final* en 1986. ¿Qué significaba esta ley?
o. ¿Dónde vive Lara estos últimos tiempos? ¿Siempre vivió sola?
p. ¿En qué trabaja Lara? ¿Y Claudio?
q. ¿Qué le dice Simonetta a Lara sobre las pruebas de su ADN?
r. ¿Qué le propone Simonetta a Lara en la última entrevista?
s. ¿Por qué Simonetta se interesa tanto por Lara?

2. Vocabulario:

a. Busca al menos cinco palabras del libro relacionadas con cada uno de los temas de este cuadro.

Ropa

Cuerpo humano

Familia

Política

b. Clasifica estas palabras según su género (masculino o femenino) y después escríbelas en plural.

☐ mantel
☐ fila
☐ cocina
☐ pañuelo
☐ nombre
☐ jueves
☐ voz
☐ yerno
☐ nieta

☐ mes
☐ televisión
☐ celular
☐ mural
☐ patín
☐ pibe
☐ computadora
☐ perro
☐ fuente

3. Di si son verdaderas o falsas las siguientes frases.

	V	F
a. Lara no sabe que es adoptada.	☐	☐
b. Simonetta busca a su hijo Osvlado.	☐	☐
c. Claudio es hijo de un militar.	☐	☐
d. Lara trabaja en la Hemeroteca de Buenos Aires.	☐	☐
e. "Che" es una infusión de propiedades estimulantes.	☐	☐
f. El padre de Lara piensa que la Universidad está llena de comunistas.	☐	☐
g. "Milonga" es una comida típica argentina.	☐	☐

4. Relaciona estas tres columnas según la historia.

Catorce	lee	está nervioso.
Hay	de la ventana	en la ventana.
Lara	mujeres	varios diarios.
El hombre	"desaparecidos"	se reúnen.
La palabra	un hombre	nunca se traduce.

5. Completa las siguientes descripciones.

Claudio .... muy alto y .... rastas y tatuajes. .... rubio y muy simpático. .... barba. .... 34 años y .... en Buenos Aires.

Lara .... morena y hoy .... un poco triste. .... el cabello enrulado y largo. No .... tan alta como Claudio.

6. Completa estas frases con la forma correcta del imperfecto o del indefinido de los verbos entre paréntesis.

a. Lara (*consultar*) .... el mapa, porque no (*conocer*) .... bien aquel barrio de BA.

b. Las Madres (*convertirse*) .... en las Abuelas de Mayo y (*estar*) .... cada jueves más cansadas.

c. Un día Lara (*ir*) .... a verlas a la plaza y (*parecer*) .... palomas.

d. Simonetta (llamar) .... por teléfono a Lara dos veces.

e. Claudio (*decir*) .... que el mate (*ser*) .... la bebida nacional argentina.

f. Al encuentro de 2012, (*venir*) .... muchos pintores muralistas de otros países de Latinoamérica.

g. En 1977, catorce mujeres (*reunirse*) .... en la plaza de Mayo.

h. El pintor (*escribir*) .... el nombre de Eduardo, mientras el público lo (*mirar*) ....

7. Busca en el texto 5 verbos de infinitivo en -AR**, 5 de infinitivo en** -ER**, 5 de infinitivo en** -IR **y 5 verbos irregulares.**

____

____

____

____

____

____

8. Elige entre:

a. Ser/estar

1. Buenos Aires .... la capital de Argentina.
2. La plaza de Mayo .... en Buenos Aires.
3. Un grupo de mujeres .... dando vueltas a la Plaza.
4. Lara .... trabajando en una librería famosa.
5. Lara no .... la nieta biológica de Simonetta.
6. Ana, Marcela y Simonetta .... muy amigas.
7. Las Abuelas de la plaza de Mayo .... muy valientes.
8. Claudio .... enamorado de Lara.

b. Hay/está/están

1. .... un hombre en la ventana de la Casa Rosada.
2. El hombre .... hoy muy nervioso.
3. .... muchísimos diarios en la Hemeroteca.
4. Todos los títulos de los diarios .... en internet.
5. .... muchas mesas en el café Las Violetas.

c. Gusta/gustan

1. A Claudio le .... mucho los perros.
2. A Lara le .... leer.
3. A los argentinos les .... el mate.
4. Al Presidente no le .... las Madres de la plaza de Mayo.
5. A Lara le .... más bailar tango que *reggae*.
6. ¿Te .... cómo termina esta historia?

9. Coloca la preposición adecuada.

1. Lara entra .... el café, después .... consultar el mapa.
2. Viene .... hablar .... las Abuelas de Plaza de Mayo.
3. Entra en el café .... mucho miedo. Se siente insegura.
4. Lara se parece .... la hija de Simonetta.
5. Se oyen discursos .... los parlantes.
6. Claudio llama a Lara .... salir con ella.
7. La nieta de Simonetta iba .... llamarse Paloma.
8. Lo han visto .... internet.
9. Vivieron muchos años .... saber quiénes eran sus padres.
10. Regalaban libros a los que pasaban .... allí.

10. Completa las siguientes oraciones.

1. Las Madres de la plaza de Mayo comenzaron a circular, cuando
   ....
2. Simonetta colgó en internet las fotos de su hija y su yerno para
   ....
3. A Lara le gusta mucho su trabajo, porque ....
   ....
4. Claudio piensa que el mate ....
   ....
5. El trabajo de Claudio consiste en ....
   ....
   ....

11. Escribe en tu cuaderno o habla con un compañero.

a. ¿Prefieres trabajar en una librería famosa o pasear perros por el parque? ¿Por qué?

b. ¿Has comido alguna vez empanadas argentinas? Busca la receta en internet. Si en tu país hay alguna receta parecida, escríbela o cuéntasela a un compañero.

c. ¿Has visto alguna vez una manifestación o participado en ella? ¿Dónde? ¿Cuándo? ¿Cuál era el motivo?

12. Escucha en internet las canciones que están en este texto, con la letra de las mismas delante. Subraya las palabras que no conoces y búscalas en el diccionario o pídele a tu profesor/a que las explique en clase.

13. ¿Qué has aprendido sobre Argentina y Buenos Aires en esta lectura?

MP3
descargable

difusion.com/mp3-nietas.zip

¿Quieres leer más?